향기로운 여정

향기로운 여정

초판1쇄 인쇄일 · 2007년 2월 1일
초판1쇄 발행일 · 2007년 2월 8일

지은이 | 이필정
펴낸이 | 서영애
펴낸곳 | 대양미디어

출판등록 2004년 11월 제 2-4058호
100-015 서울시 중구 충무로5가 8-5 삼인빌딩 303호
전화 | 2276-0078
팩스 | 2267-7888

ISBN 978-89-92290-12-8 03810
값 8,000원

향기로운 여정

이필정 시집

대양미디어

시집 머리에

내가 시를 쓰고자 하는 것은
봄, 여름, 가을, 겨울이 있기 때문이지요
사철 속에 살고 사철을 보내고
사철을 맞이할 때마다
늘 나는 전율하니까요
그 아름다운 전율을 버릴 수 없어서
시를 씁니다.

내가 시의 세계에 함몰하고자 하는 것은 함경북도에서 바다를 건너 제주도까지, 백두산에서 한라산까지 내리뻗은 백두대간에 서리인 정기, 그 멋진 금수강산이 그 산천경계가 바로 시의 세계가 되어 나를 그 속에서 뛰놀게 하는 전율을 버릴 수 없어서 그 호수에 나는 잠깁니다.

내가 시인이 되고자 하는 것은 우리 겨레의 역사입니다. 문화 말입니다. 그렇게 거룩하게 살아온 민족이 어디 있습니까?

나는 철이 들면서 지난날 우리 조상들이 살아온 발자취를 거슬러 오를 때마다 그때마다 놀랐습니다.

조상들의 발자욱마다 오색찬란하게 가득 가득 고인

혼·백의 그 얼들은 나를 전율케 하여 시인의 대열에 서야 한다고 다짐을 하게 됩니다.

내가 영원히 살고자 하는 것은
시를 쓰기 때문이지요.
빛나는 시인을 꽃처럼지지 않아요
그들이 붙잡은 승화의 세계는 시인만이
누릴 수 있는 것으로 불변하기에 영원한
섭리의 시간이 있다는 것을
우리는 다 알 수 있기에
나는 그 가치의 세계를
붙잡기 위하여 부단히 내 영혼을
갈고 닦을 겁니다.
그리고 시가 있어서 영원히
살겠습니다.

이제 나는 세 번째 시집을 엮어 세상에 내어 놓습니다. 나를 사랑하는 모든 시인과 언제나 힘을 실어주는 아내와 가족, 친구들에게 뜨겁게 감사하며 이 시집으로 한 단계 높이 성숙하려는 삶의 여정을 격려해 주시기 바랍니다.

그리고 또 한권의 나의 시집을 탄생시킨 대양미디어 서영애 대표에게도 머리숙여 사의를 표하며 아직도 미숙하기 이를 데 없는 "향기로운 여정" 속의 시를 읽고 계시는 독자들에게 어떻게 제 마음을 전해드려야 할지… 여러분을 사랑합니다.

■ 차례

제1부 향기로운 여정

제2부 열정의 세월

제3부 그늘의 뒤뜰

제1부

향기로운 여정

봄날의 환희

비탈들 아슬아슬 하여도
돋아나는 연초록에
한결 정답다.

메말랐던 산허리들
그 구불구불한 길가에도
초록빛이 띠를 두른다.

바람 스치는 자리마다
가득, 가득 고이는 햇볕들은
나무마다, 가지들에도 나래 펴

아, 수액 솟아오르는 소리
산에 가득한 생명의 소리
이제 나의 시린 가슴도
이 햇볕에
이 소리에 다사로와진다.

봄의 정령에
취하는 조용한 나의 감동

이제 겨우내 움츠렸던
기지개 펴고
일상의 삶, 그 환희에 활개를 치리라.

오서산 억새꽃

단풍들
이파리 마다
숱한 사투리로
바람난 입술 태운다.

이산 저산
바람 앞에
다투어 속살 보이니
모두 얼싸 안은 사랑
잉걸불 웃음으로 탄다.

계곡물 소리
태평가를 부르고
하늘은 낄낄대며
오서산에 마약을 먹인다.

갯바람에 취해
머리 풀어 헤친 억새꽃
나에게 억새꽃 붓대
가만히 쥐어 준다.

내 얼굴 상기된 석류알처럼
눈시울이 열화로 피고
떨리는 손에는 분수대 꽃물로 흥건하다.

아롱아롱 갈 꽃 눈물 지우는 바닷바람
오솔길 하늘 닿는 영혼의 혼불에
이 온몸 합쳐 버리고 싶네.

바 라 산

하늘 이고 선 공룡머리
백운산에 눌려 힘겹지만
여성스런 능선
백운호수 내려다보며
구름 세월 딛고
살포시 미소 지으며
슬그머니 옷고름 흘리더니
감당하지 못할 손때 묻은
세월의 정이 두려워
허기진 마음 꼬옥 포옹하고
가난해진 산자락 기다림으로
밤을 지새우니
백운호수
네온 불빛 밝혀 맞이하고
라이브 카페 음악에 취해
덩실덩실 춤추다
호수에 빠진다.

모락산의 봄

햇살이 밀어닥친 모락산 절벽은
아기 진달래 꽃 품고 있다.
간간이 산새들
근심 하나씩 물고 와서
부리 비비고 떠나는 곳
바랑을 짊어진 젊은 부부
가파른 바위 오르고 있다.
텅텅 소리 내는 바위틈 동굴
누가 만들었을까
신의 조화일까
거친 숨소리 노을에 걸쳐 놓으면
희망이 뒤척이는 소리 들린다.
오랜 시간 내려놓지 못한
무거운 그림자 내 목 감고
대수롭지 않은 사람의 착한 꿈이라 하여도
꿈의 꿈속으로 헤엄쳐 가면
슬픔 같은 것 개의치 않으련만
이 봄, 이 정겨운 봄을
가슴에 가득 안으면
내 이 어두운

앞날은 밝아지고
모든 꿈이 꽃이 되어
피어나리.

들 꽃

이름 없는 아가
그냥 그렇게
맑은 바람 속 잠시 머물러
빨강, 노랑, 하얀 꽃 피우다가
아무도 모르게 사라지는 즐거움으로 살고

이름 없는 아가
들길마다 팔 휘저으며 따라와
해 맑은 웃음으로 반기다
하늘 한 곁 모서리 차지하고 서
흙으로 바스라져 사라져 가고

이름 없는 아가
서 있던 자리 하늘 채워지면
한 모금 향기로 날다가
들꽃으로 다시 태어나
이름 없는 아가로 피고지고

맑은 계곡물에

나무들 하늘에 손 뻗어
푸른빛 따다가 계곡물에 풀어놓고
계곡물 바위에 몸 비벼
산새들 이 봉우리 저 봉우리 날아다니며
날개 짓으로 박수 친다.

허연 바위에 비스듬히 몸 기대고
푸른 치마 걷어 올려 발 담그고
낮잠에 빠져든 산철쭉
해맑은 웃음으로 금가루 받아먹으며
벌, 나비 초대하여 꽃 잔치 벌인다.

땅속뿌리 감돌아 나온 물
맑고 영롱한 빛깔 쏘아 올리면
놀란 돌단풍 손바닥 크게 벌려 잡아당겨
계곡물에 담근 발 빼지 못하고
흐르는 물 고동치는 정기가
온몸으로 스며 올라 돌부처 되었네.

흩어진 꽃잎

입맞춤으로
함께 즐기던 추억
떨어지는 햇살자락에
흩어진 꽃잎
붉게 젖어드는 노래에
잠시 머물레라.

황달기 첫사랑

목침 베고 누운 산자락은
연두머리 풀어 놓더니만
꽃바람 늦바람에
취한 듯 옷고름도 풀어 헤친다.

목련 꽃 망울
과식한 아낙처럼 살이 터지고
개나리 입덧하며
무수히 쏟아지는 봄날 축복

진달래꽃 입술로 미쳐 버리고 싶은
계집아이의 얼굴
홍조 띤 서녘 노을빛
황달기 첫사랑에 신음 토한다.

매화꽃

해마다
처갓집 뜰에
매화꽃 피어나서
봄소식 알린다.
시린 바람 채 가시기도 전에
때 이르게 피어
입덧을 하더니만
누릿 누릿 보리가 익어갈 때면
통통하게 살 오른 매실로 변신
입안 가득 신맛 고이게 한다.
잘 숙성된 매실주에
시골 인심 향기가 가득하다.

백운 호수

수중에 일곱 색깔 무지개
너와나 하나 되어
호수에 새겨지면

물속에 빠진 네온사인
궁궐 짓고
너와나 행복 엮어갈
보금자리 만들어 준다.

물속에 얼비친 우리 얼굴
물 파장에 주름살지고
주위 맴돌던 불빛들
물속에 가라앉는다.

빛과 어둠이 포개지면
너와나의 아름다운 포옹이
물안개에 싸여
출렁출렁 축복 받는다.

속삭이는 가을

가을은
내 구두 끝에서 산산이 부서지는
햇살 속에서 시작된다.
나보다 먼저 날아오르는 저 산새는
길을 잃었는가
산위에서 맴을 돈다.

하늘
높은 하늘을
우러러는 큰 바위 얼굴은
오늘따라 유난히 빛난다.

절벽에 가득한
담쟁이 넝쿨
그 무수한 잎새들이
붉게 홍조를 띠우고

산 아래 드넓은 논에는
황금물결이 바람 따라

일렁일 때
송아지 부르는
어미 소의 메아리.

이제 가을은
속삭이는 가을밤에 취해
자지러지게 울어제끼는
귀뚜리 울음에 깊어간다.

황조의 날개처럼
노랗게 노랗게 물들어가는
은행잎이 줄지어 서 있는
그 길에
아침이 오면

가을은
깊은 밤 속에 서성이든
가을의 속삭임은
나와 함께

노랗게 물든 은행나무들
줄지어선 그 길의 아침으로
걸어 나와
가슴을 활짝 펴고
가을의 이야기를 듣는다.

달맞이꽃

저 달은
둥근달은 바람둥인가
휘영청 달빛에 반한
달맞이꽃에 내려앉아
밤을 지새더니
언제 낮달이 되었는가.

달맞이꽃은 열두 살
어제야 초경이 끝났는데
달빛은 벌써
열두 살 달맞이꽃 속에 씨앗을 심네.

이제는 열세 살인가
달맞이꽃
한 해 동안 달빛 품고 살다가
이제는 예쁜 아기 꽃들을
가지 가득 촘촘히 피웠는데

저 달은
휘영청 둥근달은

왜 저래
구름 속에 얼굴 감추고 서쪽으로 달아난다.
달맞이꽃은 수줍어 타는 듯 노랗다.

봄이 오는 길목

봄이 오는 길목에서
강물도, 호수도, 개천에도
얼음이 갈라지는 소리가
날카롭습니다.

바람은 아직 차지만
그래도 얼음들 녹아
그 밑에 물 흐르는 소리가
들립니다.
들을 향해 흐르는 물소리가
들립니다.
겨울을 박차고
봄으로 흐르는 물소리가
들립니다.

다가간 봄물 머금고
뺏뺏이 얼었던
버들가지도
버들강아지 맺고
다소곳이 머리 숙입니다.

봄볕에 녹은
얼음구멍에
봄빛이 스며들면
여리디 여리고
약하고 약한
복수초가 머리를 내밉니다.

달구지가 건너가도
끄떡없던 얼음장도
모두 녹아 납니다.
봄빛 쏘이면
봄볕에 스르르 살아집니다.

강물도, 호수도 개천에서
기승을 부리던 겨울이
떠나갑니다.
그렇게 춥던
우리들 마음 속 겨울도
이제
떠나갑니다.

봄빛 속에
봄볕 받은 사람들은
모두
희망이 가득합니다.

농부의 하루

뜨거운 햇살 쏟아지더니
익어가는 벼이삭
누렇게
알알이 탐스런
벼들이 고개 숙인다.

싱그러운 공기들이
바람 되어
바람 되어 불어와
포도위에 가득 차고

가을인가
볕 받아 익어가던
사과들도 수줍은 듯
붉게 물드는구나
긴팔 휘젓는 허수아비에
그 허수아비에
참새 떼들 놀라
들판을 가로지른다.

이제
가을해는 지평선에 걸리고
하늘은 오렌지 빛
그 빛, 오렌지 빛 햇살이
농부의 어깨에 맨
삽날에서 찬란히 빛난다.

들국화 향기

해볕 고운 가을날
실개천이 흐르는
그 둑을
모처럼 아내와 산책한다.

개울물에 물든
노을은 바위를 감돌고
바람은 풀섶에
들국화를 흔들다
우리 마누라 치맛자락도
짓궂게 스치고 달아난다.

꽃닢이 고와도
꺾지 못하는 것은
저 홀로 자라서 저 홀로 피어난 꽃을
어찌 다칠 수 있으랴,
하늘 향해 활짝 웃는
저 꽃닢을 어찌 모질게 다룰 수
있으랴.

모처럼
들국화 같은 아내를 본다.
들국화 같은 아내의 마음을 본다.
들국화 같은 아내의 향기에
내 가슴이 뛴다.

들에 피는 들국화 같이
다소곳이 살아가는
못난 남편을 소중히 가꾸는
들국화 같은
내 아내의 향기,
내 가슴엔 눈물이 흐른다.

눈이 내려요

함박눈이 내리네요
온 세상을
하얗게, 하얗게 축복하네요.

흰눈
한 송이 한 송이마다
영혼이 되어
하얀 영혼이 되어
춤을 추며 내릴 때
누추한 세상이 변합니다.
어지러운 세계가 변합니다.
하얗게, 하얗게 변합니다.

눈이 내려요
창문을 엽니다.
함박눈 속에 변하는
세상을 봅니다.
새로운 세상을 봅니다.
벅찬 마음으로
함박눈을 맞이합니다.

벚꽃 엘레지

길었던 겨울
시린 바람 견뎠던 나무
나목의 살갗은
쓰리고 아팠겠지

그러나
봄바람 불어왔을 때
나무는
벚꽃나무는
뿌리로부터 솟구쳐오는
생명의 계시에
가지들은 일제히
꽃망울들을 품는다.
그것들은 큐피트의 화살처럼
사랑을 겨눈다.

긴 겨울에
시달렸던 나목의
그 벚꽃 나무가

봄바람 불어오자
꽃이 피는구나
벚꽃이 피는구나
신부처럼 화사한
벚꽃이 피는구나

그러나 벚꽃 지는 찰라
그 꽃처럼 져버린 내 사랑
하룻밤에 피었던
꽃처럼
풋사랑은
슬픈 노래만 남기고
떠나갔습니다.

사랑꽃

버들강아지 움트는
그 소리를 나는 듣습니다.
계곡도 녹아
그 얼음 밑으로 흐르는
그 소리를 나는 듣습니다.
그 모두 청아한 목소리
그 소리들을 나는 듣습니다.

내 가슴이
버들강아지 움트듯
얼음장 깨어지듯
툭 터지는
그 소리를 나는 듣습니다.
어쩌면
이 소리는
당신을 향한
내 마음의 간절한
소망인지도 모르죠.

나는 기다립니다.

그대가
봄처럼 다사한 옷을 입고
사뿐히 다가오는 그 걸음을
나는 기다립니다.

이제는 겨울은 갔습니다.
생명의
청아한 노래가 가득합니다.
그대를 기다리며
나도 청아한 목소리로
사랑의 찬가를 노래합니다.

바람은

봄바람에 놀라
하늘 쳐다본다
하늘 밑에 나무에 이는 바람
바람 따라 커버린 나무.

나는 이제
소슬바람 따라
산으로 오르고
산으로 날으고
그 초록빛 바다에
취하고
바람은
이제 살랑대는 바람은
햇살 고루 퍼지는 대지 위에서
새 생명 치솟게 하는구나.

바람은 또다시
구름 매고 떠돌다가
후미진 계곡에 내려오고
그 강둑이 뿌리내리는

무지개를
무지개를
하늘에 걸어 버렸네
하늘에 걸린 영롱한 무지개는
모든 이의 소원이런가
일곱 가지 색깔이
축복 아닌가.

바람은
시련 속에 허덕이는
모든 이의 고통을
씻어내는 정령이려니.

꿈꾸는 봄

저렇게 환한 햇살이
창문에 가득해도
겨울은 아직
들녘에서 맴다.

그래도 냇가에는
화사한 햇살에
견디지 못하고
희색 융단 같은 작은 봉오리
버들강아지는 마음이 급하다.

영상, 영하를 오르내리는
이 혼란스런 시절,
이 계절을 외면하는
도시의 빌딩, 빌딩마다의
전광판은, 그 속의 문자는
세월을 붙잡고
시대를 재단하지만

그래도 희색 융단 같은 작은 봉오리

버들강아지는 마음이 급해
봄을 품는다.

꽃샘추위가 추워도
자연의 섭리가
재촉하는 계절은
봄이요, 봄은 생명 속에서
꿈을 꾼다.

들국화

꽃노을
꽃밭에 가득하다.
꽃밭에 꽃향기는
하얀 들국화, 노란 들국화

꿀벌도 지쳤는가
가을에 지쳤는가
꽃 속에
들국화 속에 조용히 머문다.
그 향기에 젖어 고요하구나.

들국화 그 꽃밭에
연인들의 사랑은
싱그럽고
낮잠 자다 깬 달,
이지러진 달도
밤이 오니 꽃밭에서
황홀하구나.

들국화,

하얀 들국화, 노란 들국화
그 꽃밭에 내려앉은
달빛은
꽃향기에 취해

이제는 먼 산,
산허리를 두르고
국화 향기 가득한
국화주 한잔 들고
건배를 하자네.
달빛이
권주가를 부르네.

봄향기

신비로운 계절
다같이 같은 봄을 맞으면서
어찌 모두 다른 꽃들이 피는가
어찌 서로 다른 향기를……

꽃대에 매달렸던
망울마다에
반달 같은 눈썹, 그 아릿다움
불타는 빨간 입술, 그 정열
이제 피어난 꽃들 속에
보드랍기 그지없는 노란 꽃술들.
그 꽃술들이 내게 인사한다.

꽃망울 터지는 찰라
세상은 환하게 빛나고
붉은 꽃잎마다에 기쁨이 깃들고
푸르게 뻗어나간 잎새
잎새들에는 젊음이 넘친다.

태양.

그 빛살은 금모래 같구나
그 햇살 받고
모든 꽃들의 마음은 열리고
그 가슴에서 피어오르는 향기
그 꽃향기에 해님도 쉬어가는 듯
지저귀는 새들의 심장도 뛰어
노래 소리가 드높기 그지없다.

새순이 솟아오르며
지르는 합창, 그 함성을
나 혼자만 듣는다.

사랑하는 이여
새순의 합창과 그 함성은
그대를 향한 나의
아리아이기에.

겨울산

추위에 떠는 나무들
그 노래들은 슬프다.

메마른 풀잎들은
죽은 듯이 대지를 덮고
뿌리들의 숨결들을
따뜻이 보듬지만

산길 그 길섶엔
한여름 활기차던
개미들 오간데 없고
산 나그네 괴롭히던
하루살이들도
차라리 그립구나.

골짜기 맴돌다
치오르는 찬바람 속에
재재거리는 산새들 울음도
추위에 떠는구나.

자연의 섭리.
그 눈빛 속에 겨울.
길도 얼고 숲도 얼고
모두 얼었구나.

겨울산은
이 모진 추위를 견디며
누추한 모든 것을 벗어버리고
정결하고 따뜻한 봄을
기다리는가 보다.
야호 소리에 다가오는
봄소식.

나그네의 달

아득한 들녘에
봄은 한창
꽃들이 다투어
피어오릅니다.

들녘은 들꽃들을
품에 안고
우쭐대며 지나가는
바람을 맞습니다.
나그네도 바람 따라
걸어갑니다.

구름 몇 조각 흐르는
하늘엔
황혼이 가득했으나

바람 따라 걷는
나그네 발걸음 따라
하루는 저물고

하늘엔
사라진 황혼보다
황홀한 달빛.

나그네 마음
달빛 같아
그 달을 시선에 매달고
들길을 걸어갑니다.

봄 언덕, 작은 언저리

봄 언덕 작은 언저리
곱게 피어나는 꽃향기
벌, 나비 부르네.

한 떨기 꽃 속에 숨은
깊은 그리움
꽃잎, 한 닢, 한 닢 재키며
서러움에 찬다.

지나간 날의 숱한 사연들
그것은 애틋한 노스탈자
서글픈 추억
유난히 길었던 사랑은
고독을 가르고
눈물로 맺혀 있다.

엮어지는 철없는 시간 속에
펼쳐지는 그리움
그 그리운 그림들은 투명하다.

봄 언덕 작은 언저리
곱게 피어나는 꽃향기
한 떨기 꽃 속에 숨어 있는
그리운 내 그림들은
순결하고 투명하다.

눈

바람마저
온통 하얗다
그러기에
하늘도 은빛,

이제는 시들어버린 들꽃
잔디도 들풀도 모두 말라버린
황량한 들판에도

시달린 이들
고달픈 사람들
지친 사람들이
깊은 잠에 빠진
이 세상에
함박눈이 쏟아져
그들을 포근히 껴안는다.

나에게
내 마음에도 살포시
다가오고 내려와

시리도록 안아주고
포근하게 감싸주는
눈
그 눈 속에서 나는
내일을 연다.

가을 햇살

달콤한 바람에 안기어
흐르는 듯, 쌓이는 듯
다사로운 꿈, 꿈결인가.

하늘이 물든 이파리에
머무는 듯, 스치는 듯
하얗게, 하얗게

열매들 익어가듯
내 꿈도 여물어 가기에
쉬지 않고 여물어 가기에
영롱한 빛깔로
가을, 그 하늘에 펼쳐진다,
가을 햇살처럼 펼쳐진다.

나도 이 가을과 같아지기를
나도 이 햇살과 같은 몸짓으로
사랑하는 이와
팔베개 하고
하늘을 베고 누웠다.

메밀꽃 향연

한강 둔치에
드넓은 들에도
흰눈 덮이듯 메밀꽃들 덮었다.

소란한 서울,
그 한복판 강 언덕에
평화의 들녘인가
하얀 세상이 열렸네.

그 메밀 꽃밭에
검둥개도 뛰고
젊은 연인들의 긴 입맞춤
꽃밭을 가로지르는
사람들의 설레는 발걸음,
사진 찍는 소리에 날은 저문다.

보라 저 하얀 천지에
달빛가득 내려앉는 것을
오늘밤 이 길은
내 가슴에 여미인

그리움의 길
그대 내게 오려나
이 길로 오려는지.

메밀꽃 꽃밭 속에서
내 마음속에 피어나는
꽃 한 송이 들고
그대를 기다린다.

달빛지고 나면
그대 오려나
메밀꽃밭에
내가 열어둔 그 길 따라
그대 오려나.

사계절

지평선에 가물거리는
땅거미.
이 때에
낙엽을 모아 태우는 불빛
낙엽 타는 냄새가 거리를 메우고
낙엽 타는 불빛에 거리가 밝다.

낙엽 타는 냄새와
낙엽 타는 불빛에 비친
그 가을에 서서
봄, 여름, 겨울을 본다.

겨울도 지났고
봄도 가더니
이제 여름은 가을 앞에
서 있구나.

풀, 그 잎새에 맺혔던
이슬은
이 가을 앞에 서 있는

여름에, 그 햇살 속에서 사라졌고
그 너머 봄에는
삼라만상이 비취처럼 변했고
꽃향기는 모든 것을 들뜨게 했지만
그때 나는 참 어수선했다.

겨울에
나는 나목처럼 나무에 떨었고
추위보다 더 지독한 좌절,
그 늪에 빠져 얼음처럼 얼었었다.
그러나 내 삶의 그 깊은 곳의
꺼질 듯이 타고 있던 생명의 이유.

이제 그 이유 때문에, 그 의문으로
간신히 계절을 넘어서고 있다.

이 가을
낙엽 타는 그 불빛을 지니고
하룻밤을 지새고
그리고

내 동공은 새벽을 맞이한다.
이 새벽
나는 모처럼 봄, 여름, 가을, 겨울
그 모든 계절 밖에 서 있다.
모처럼 그 뒤에 서 있다.

제2부

열정의 세월

서낭당 고갯길

여치랑 사슴벌레랑 길동무하며 걷던
내 유년 시절 오솔길
산다랑 밭에 널려 있던 참외
지금도 코끝에 매달려 있다.

고갯마루
펄럭이던 신의 오색띠 돌무덤
쭈빗선 머릿털 겁에 질려 달아나고
산나무꾼 줄지어 오가는
억새꽃 나부끼는 산록
노루 뛰는 산속에 솔개 날면
풀숲 뒤집어쓰고 숨죽이던 토끼
지금은 어디에 살고 있을까

산바람 불어오면 숲 냄새
풀 향기 따라 범나비 춤추고
부엉이 울면 산비둘기 덩달아 울던 고갯길
도토리 땅에 묻고 두드려 따먹기 하던
개구쟁이들 어디에 있을까

소문 없이 피는 싸리꽃 되어
들쥐되어 오솔이 되어
풀잎도 잠 깨우지 않는
이슬로 스며들어
추억의 고갯길 걷고 싶다.

꽃향기에 취한 돛단배

착한 눈빛
해맑은 웃음
아카시아 꽃잎이
바람에 도리질하며 떨어질 때
꽃 향기에 취한
하얀 가슴에
파란 하늘 빛 한자락
내게 다가오는
그런 날에
흐느적거리며 지쳐가는
이 심신을
하루만이라도
향기 가득한 꽃밭에
날아드는 나비 같이
강물위 표랑하는 꽃 위에 앉아
시간 가는 줄 모르는
돛단배 되고 싶다.

봄의 낮과 밤

등마루의 진달래 눈 시리게 붉고
떡갈나무 동공에
하늘빛 서려 있네.

윤기 어린 머리결
찰랑찰랑
노을빛 쫓더니

꾀꼬리 날개 짓으로
숲 겨드랑이에
사뿐 날아들 때

산안개 자욱한
초록계곡 산 메아리에
오색딱따구리 푸른 눈이 놀란다.

솔잎 바람 푸르러
고목 속에 파고들다가
내 마음을 스치고 간다.

호수에 잠긴 저 달은
오늘따라 풍만한 알몸이
부끄럽지도 않은지
떠날 줄을 모른다.

바다 여행

이슬 무등 태운 꽃잎들
아침을 맞으면
저마다 자유롭게 여행 떠난다.

세월은 여름을 품어
새들은 하늘 여행을 떠나고
연인들은 바다로 여행을 떠난다.

바다는 어김없이 갯내를 흩뿌리고
안개는 작은 섬들을 품었다가 놓고
밀려오는 파도에 가슴 연다.

해의 지느러미와 아가미에 칼집 주면
속살 하얀 달
하늘위에 술잔위에 그득 출렁임을 담는다.

눈 부라린 우럭 한 마리
물살 가르며 뛰어 올라
술상에 저며 드니
술안주에 제격이다.

꼼지락거리며 걸어오는 초라한 나룻배
질퍽한 개펄에 올라
물비늘 털어낸다.

파도는 바람장난에 간지럽다고 깔깔 웃고
어디론가 걸어가던 구름
등대위에 앉아 쉬어간다.

으악새 꽃 핀 제주

에메랄드 빛 바다
얼굴 없는 파도는
흰 물결 두루루 말고 밀려와
모래를 핥고 달아나고
어선 따라 갈매기떼 숨어들고
만선의 고깃배 포구에 닿는다.
은빛 갈치 아침 가르면
비린 내음 찾아든다.

으악새 꽃 활짝 핀 산
눈꽃으로 펄럭이고
왕바리 냉바리
으악새 사이로 넘어지니
자취는 온데 간데 없고
'으악' 소리만 메아리로 들려온다.

작은 오름들 한라산 향하여
탐스러운 속 살결
언듯언듯 비추이며
엷은 회색 구름탕 안에 앉아

몸 씻는 달과 사랑 나누는 이 누군가
술 취한 마음은 숨죽이고 앉아
흔들흔들 엿보고 있으니
초경 치른 계집아이처럼
노랗게 야윈 달
구름 속으로 숨어든다.

제주여행 해변여행
바다는 철썩철썩
내 혼을 빼앗아 달아난다.

외딴집

는개 비가 내리던 하늘이
밀려오는 바람에
청옥색으로 녹아내리고
마당 깔고 앉은 뒷동산
유난히도 검푸르게 빛난다.

누렇게 익은 호박
허기로 배불리고
파란 하늘에 안기어
초가지붕 베고 누웠다.

산골에서 산골로
해 맑은 가슴속 텅 비워 둔 채
작은 몸짓으로 고통 뛰어넘어
황량한 벌판에서 맴돌다가
주저앉은 시골 마을 외딴집
새 보금자리 무지개꿈
가을빛이 찾아든다.

풍요한 결실

서늘한 바람 출렁이는 이른 새벽
어둠 몰아내는 농부의 발자국 소리에 놀란
뽀얀 가을 햇살
초롱이 맺힌 풀잎 이슬에
분말처럼 쏟아져 내린다.

황금들녘
넘실대는 결실의 풍요함
어루만져 거두는 농부
구릿빛 얼굴에 웃음이 가득하다.

펄펄 땀 흘리는 콤바인도
고단함 잊어버린 채 경쾌한 리듬으로
산골 가득 메우다 해가 서산에 걸리면
잰 걸음으로 떠나가는 가을빛을
볏섬에 쓸어 담는다.

나른한 오후

나른한 오후가 되면
풀섶에 기댄 고추잠자리도
낮잠 즐기고
서걱대던 풀잎
코스모스 작은 꽃잎에 가리워
시간을 멈추고
그림자가 된다.

풀잎위에 쓰러진 햇볕
모진 신음 토해대며
지친 몸 뒹굴리고
외로이 선 허수아비
찢어진 옷자락 허허로이 펄럭이며
참새 떼와 숨바꼭질 숨 가쁘다.

하늘이 파르르 떨고
하얀 낮달이 물결에 일렁이더니
흰 구름이 모두를 품고 어디론가 떠나버린다
나른한 오후는 단숨에

허기진 배
파르르 떠는 하늘에 묻고
단잠에 빠져든다.

잉꼬부부

우리 만나기 위해
특별히 준비한 것은 없지만

보도위에 새겨놓은
무수한 발자욱은
우리 사랑의 흔적입니다.

우리 만나 방에 불 밝히고
마주한 찻잔에
행복향기 가득 채워 마셨습니다.

아들 딸 낳아
웃음으로 믿음으로 얼굴 마주하며
꽃사슴 사랑 나누었습니다.

영원한 축복
입맞춤 사랑 나누며
잉꼬부부가 되었습니다.

시 샘

소쩍새 울음에
시린 시냇물 녹아
하늘 빛 삼키고

뽀오얀 구름 둥지 틀면
구릿빛 벌판에
천진한 숨결 꿈틀댄다.

아기염소 엄마염소
매해 엠~ 매해 엠~
숨바꼭질 할 때면

생쥐 눈만큼 벌어진
새잎은 자연을 꾀고
아지랑이 웃음으로 더불댄다.

새봄을 시샘하듯
꽃샘추위 찾아들어
기지개 펴는

벌, 나비 움추리게 한다.

날개접어 쉬어가라고……

은행나무의 기도

하늘 찌르고서
무슨 얘기가 그리 많더냐
온 종일 흔들어 대면서도
지치지 않고 조잘조잘
하늘이 웃었다, 울었다
배꼽 잡는구나
가지에 구름 걸리면
흘러가는 대로 가려무나
힘없이 놓아 주고
가지 끝에
앙증맞게 걸터앉은
까치 한 마리
꼬리를 치켜세웠다, 내렸다
까불다 창공으로 날아오른다
아무래도 좋아
푸른 잎으로 그늘 만들고
열매 많이 매달아
풍요로운 삶 살면 되지

앞산 봉우리

해 맑은 햇살
싱그러운 바람에
꽃내 묻어나고
해질녘 빈산
보리피리 소리 구성지면
앞산 봉우리
구름 속 집 짓고
푸른 지붕 아래
옹기종기 모여
세월 구르는 소리모아
노래 만들고
합창하는 푸른 봉우리.

또 다른 만남

절묘한 공식이
무지개 빛 사랑으로
조화를 찾아 나서고
황홀한 오월의 여왕은
넌지시 몸을 가누며 인사를 채근한다.

드러내고 싶지 않은 배반의 촛불은
애써
부끄러움을 피워 올리고
하이얀 목련 꽃
가끔
밀서를 암송하듯 애잔한 목소리
계절의 암호 속에 빛난다.

영롱한 이슬이 나룻배 타고
땅 빛으로 침몰한 아카시아 향기
세상길의 복판으로 나오면
성숙한 미소로
많은 인연의 입술 간지럽힌다.

약속의 신호등이 없어도
가뭇없이 밀려오는
5월의 속삭임
새로운 만남으로 오고 있다.

단풍꽃

무지개 바람
들판 맴돌다 산에 올라
나뭇가지에 걸려 움추리고
짙은 노을
가을 산에 떨어져
발갛게, 노랗게, 파랗게
불 짚인다.

지난 날
달아오른 열정만큼이나
황홀한 신비의 불꽃으로
아쉬운 이별 알리면
젖은 가슴 높은 하늘에
널어 말린다.
새 희망이 닿는 날까지……

님은 바람 나는 작은 꽃잎

살며시 다가와서 살짝 스치고
사라지는 님은 바람

멀리서 살랑살랑 다가오다가
작은 손짓에도 미소 짓고
사라지는 님은 바람

잠간 스치는 바람에
정겨워 이슬 맺히고
채 마르기도 전에
사라지는 님은 바람

한 순간도 머물 수 없기에
님은 바람

그렇게 바람으로만 살려나
이제 바람 잦아져
내 품에 머물기를
두 손 모아 기도하는
나는 작은 꽃잎이어라.

해볕 속의 그리움

굳어버린 마음,
얼어버린 생각,
그 매듭이 풀리지 않아
한밤을 서성이다가
은하수 흐르는 하늘 밑에 앉으니
깊은 숨 몰아쉴 수 있고
닫혔던 마음이 열린다.

이제 그리움은
가다듬을 겨를도 없이
바람처럼 달려가
그대 창문을 두드리지만
그렇지만 닿지 않는
메아리일 뿐

이제 나는
은하수 강가 새벽 끝자락을
휘감고 서서
이제 열린 그리움으로
겨울에 맺었던 첫사랑을

마음껏 포옹한다.

이제 나는
눈부신 아침을 맞으며
빛나는 옷을 갈아입는다.
해볕 감싸는 두루마기를 입는다.

이 햇볕이 그대에게 달려가면
그대 내 첫사랑은
내 그리움을 깨닫게 될지니
우리 서로 해볕 속에서
뜨겁게 만나자.

황혼의 사랑

산골짝에는 한낮이
한창이다.
들에는 밀 익는 냄새 가득한
이 마을
시골 마을 어귀에서 만난
백발이 성성한
할아버지, 할머니 부부의 얼굴엔
미소가 떠나지 않는다.
웃음이 가득하다.

깊이 패인 주름 속에 흐르는
시간과 사연은
애환의 굴곡인가,
굴곡의 언어는 우리들의 모든 질곡을
넘어서서 인자하기 그지없다.
이제 하늘나라는 그들에게
먼 길이 아니고
팔을 뻗으면 닿는 길로 알고
살기에
두 분은 손을 꼭 붙잡고 놓지 않는다.

바다는

바다에 어디 몸이 있던가
안개에 덮이면 그대로
숨죽이고 조용하다가
바람불면 안개 밀어내고
소리치는 파도가 될 뿐

해가 솟아야
그제야 깨어나는 섬들은
그때에는 웃는 것 같다.
뒤돌아 앉아 치맛자락도
걷어 올린다.

해풍이라 하던가
바닷바람은
목선의 작은 깃발을
쉴새없이 바쁘게 날리며
배 앞에서 질주한다.

이제는 더위에 못 견디는
섬들이 허리 채 바다에 담그고

금빛이 된다.
섬들은 금빛 모자가 된다.

섬들을 빙빙 돌며
몰아치는 파도의 사연은
바다는
죽어간 억울한 혼백인 양
억세게 바위를 친다.
파도는 서러움에 복받쳐
흐느껴 운다.

바다가 앓는 병은
파도가 복받쳐 흐느껴 우는 것은
사랑 때문.

가을의 노래

싸리 보다가
싸리꽃 보면
그 자태에 놀란다.

언덕에 피는 싸리꽃이
오르는 산길, 그 숲 속에는
무더기로 피어나
달맞이꽃, 패랭이꽃,
들국화와 겨룬다.

며느리 미씨게 넝쿨이
미친년 머리처럼
풀어헤친 논두렁에서
벼이삭 덮쳐 조여 감고
벼멸구들 기승을 부려도
그래도
익어가는 벼들은 가을을 노래하며
시련을 이기는구나.

가을볕 꼬리 담근 개울물 따라

고추잠자리들 이리저리 날아들가면
그 날개 짓에 피어나는
가을의 꿈은
청아한 노래들은
바람에 휘감긴 채
달맞이꽃, 싸리꽃, 패랭이꽃, 들국화
피는 산
산으로 오른다.

눈부신 태양

태양은
찬란하다.

구름 사이에서
초목 위에서
잎새 사이에서
지붕 위에도
마당에도
거리에도
빛살 쏘아댄다.

태양 따라 계절이 변하는가
계절 따라 태양이 변하는가
우리가 사는 봄, 여름, 가을, 겨울에
햇볕은 늘 다르고
그 변화 속에
우리들의 삶은 새로워진다.

눈부신 태양
그 빛살같이

우리들의 언어는
부딪쳤다 사라지지만
언어가 만나는 시간은
늘 외롭다.

그러나
찬란한 태양은
눈부신 태양은
투명한 영혼이 불타게 하고
정열과 열정에
사로잡히게 하고
그리고
우리를 눈부시게 한다.

아름다운 삶

지나간 우리들의 세월
아름다웠지
진실과 최선은
우리들 생활의 띠, 그 묶음.
그러기에 꿈은 늘 살아있었고
그러기에 사랑은 숨결이었고
그러기에 지워질 수 없는 소중함은
그 기억은
우리들의 파노라마

하늘이 무너지듯
엄청난 시련 속에서도
가랑잎 보다 더 바싹 마른
가난 속에서도
우리들은 떨지 않고
무서워하지 않고
비겁하지 않았고
우리들은 당당하게 살았지

이제 둘이서

하늘을 봅시다.
우리들 이 소중한
삶의 뜨락에
빛나는 별들이 쏟아지는구려

내일 아침
우리 둘이서
하늘을 봅시다.

맑고 투명한
높은 하늘아래서
덧없이 왔다 또 가버린
계절을 탓하지 말고
탓하지 말고
가슴 두근거리는 기쁨으로
앞날을 마련합시다.

벚꽃 축제

벚꽃이련가.
이 길은 벚꽃터널
하늘은 온통 꽃바다.
눈도 부시고
마음도 부시어
모든 이는
이 축제에 설레인다.

그렇지
연인들은
그들의 사랑을 가누지 못하고
벚꽃 때문에 숨기지 못하고
한없는 속삭임에 빠져있다.

꽃잎
소복소복 떨어진 일
그 길에
이제야 걸음 떼는
아가의 걸음마는
아빠의

사진기 속에서
영원한 기쁨으로 새겨진다.

삽살개도
까치도
비둘기도
벚꽃향기 넘치는
이 축제에
덩달아 신이 났구나.

나는 기도한다.
이 화사하고 화창한
멋진 축제가
모든 사람의
그 삶의 기폭제가 되기를……

자취 없는 나그네

들창에
빗줄기 부딪친다.
눈물처럼 흘러내리는 빗방울
그 창가에
나그네는 기대어 섰다.

창밖에는
호박넝쿨도, 더덕도, 도라지꽃도
흠뻑 비에 젖네.

꽃씨를 뿌리고 싶었던
나그네
들녘에 서서
오는 비에 마음을 적신다.

자취 없이
왔다 가는 나그네 뒤에
들꽃들만 가득하다.
졌다가 다시 피는
들꽃들만 가득하다.

나그네는
달 따라 갔는가
바람 따라 갔는가
구름 따라 갔는가
자취도 없네.

한 잔의 차

길을 간다
한줄기 바람이
우리를 초대한다.
지금 우리 둘의
만남에
서로의 이름이 없다.
지난날이 없다.

마주앉은 내 앞에
마주앉은 그대 앞에
우연을 아름답게 꾸미고 있을 뿐
그것은 허영이라 해도 좋다
그것은 허구라 해도 좋다.
이 시간들은 다만
설레임일 뿐
한 줄기 바람이라고 할지
우리들이 의식하는 것은
차 한 잔에 가득고인
서로의 향기 아닌가.

우리들은

우리들은
아침에 모두 만난다.
아침에 모두 싱싱한 삶을 삼킨다.
아침에 모두 꽃봉오리 같이 산다.

누가 빌딩에 계절이
돈다고 했던가,
계절은 늘 산이나, 들을 지날 뿐
빌딩이 서 있는 이 도회를 외면한다.
다만 사람들이, 인간들이
지나가는 계절을 붙들고
도시의 계단을 밟을 뿐

그러기에 아직
사람들은,
우리들은 모두
한 가닥 염원을 가슴에 새기고
낡아버린 세월을 버리고
다가오는 계절이
여름, 겨울, 가을, 봄이 되었어도
아직도 간절한 기도 속에 산다.

산사의 아침

산사의 아침,
스님들의 옷자락에서
신선한 바람이 불고
싱그러운 생명들의 숨소리.

이제 눈부신 햇살은
부처님이 펼치는
그 넓은 가슴에서 큰 뜻을 비춘다.

환희로움으로
기쁨으로
깨달음으로
업을 바꾸고
업을 씻어내어

어둡고 아픈
사바세계를
이겨나가라고 한다.
산사의 아침은 거룩하다.

아낌없는 사랑

그대와 나
서로, 바랄 것이 없네
주고, 또 주어도
줄 것이 많은 우리 둘.

그대와 나는
서로인가.
내가 그대 속으로
아무리 깊이 들어가도
그대가 내 안으로
아무리 깊이 들어와도
한 자락 미련이 남는다.
한 자락 사랑이 남는다.

그대와 나의 삶이
하나로 무르익어감에 따라
우리의 언어는, 우리의 말씀은
모두가 아름다운 교향곡.

시간은 늘

멈추어 서 있고
다만 흐르는 것은
우리들의 밀어 속에 솟아난
연가.

우리는 이제
천천히 걸어도
푸른 길을 마련할 수 있고
밝은 내일에 춤을 주겠지.

서정시, 그 추억

그 추억은
아름다운 색깔로
어둠을 뚫고
수면위로 솟아오른다.

그때
나는
기다리는 그 시간에
성난 몸짓으로 대항했지만
그래도
닿아야 할 시선은
시간 속에서 차단되었고
마음은 메마르기 시작했었다.

기다리는 그 시간 뒤에
있었던 우리는
말할 수 없이 고왔고, 아름다웠었다.
우리는 절대로 추억을 믿지 않았었다.
그러한 멋진 서정은
영원해야 했었다.

이제 보니
언제부터인가 별들이
하늘 가득한데
그런데 별들도 모두
떨어져 반짝이네.

별들의 번뇌를
이제야 알겠네
그 슬픈 서정을
이제야 풀겠네.

달빛은 요술쟁이

한 자락 바람 어깨를 툭 치고 지나가기에
사방을 살피니
바람은 간 곳 없고
달빛이
영롱한 달빛이
면사포처럼
양옥집 지붕위에
물안개 핀 호수를 덮어
모두가 화려하다.

달빛 받고 길게 드리운 고목나무
그림자
그림자에 담뿍 서리는
나의 애타는 그리움

괴롭고 서러운 마음을
달빛아래 산봉우리에
걸어보다가
멀리 달아나 전설처럼
아스라이 서있는 저 능선에

얹어버리지만

괴롭고 서러운 사연은
되돌아와
내 가슴에 되돌아와
별빛처럼 반짝인다.

달빛은 오늘밤 나의 그리움을
푸르게도
붉게도
하얗게도 비추고 있다.

낚시터에서

달빛에 잠긴 호수.
그 빛에 반한 고기련가
잠 못 자고 물속을 헤매네.

풀벌레 울자
놀란 개구리 뛰어든 소리
그 파장에 흔들리는 야광 우기가
고운데
어느새 물속으로 빠져든다.

빠져드는 우끼 따라
커지는 욕심
큰놈이야 큰놈!
대어야 대어!

욕심만큼 무거운 느낌이로세
그 느낌 따라 올라온 것은,
휘어진 낚싯대에
매달린 것은,
쓰레기 보따리라.

치미는 실망,
욕심이 화근이지
마음이 발라야
대어를 낚지……

한숨소리 앞에
내어민 소주병은
옆자리 낚시꾼의 마음.

밤꽃 향기에 취하고
소주에 취하고
친구가 좋아 취하는
밤낚시련가

벌러덩 누웠다.
이 밤이 좋아
하늘을 향해 누웠다.
보석처럼 빛나는
별들이
내 품에 안긴다.

겨울 바다

태고의 숨결로
변함없는 바다.

오르내리는 거센 파도
파도 타는 일엽편주에
이 몸도 실었다.

몰아치는 바닷바람은
고막을 때리며
그물코 같이 얽힌
이 항구의 모진 사연을
전해준다.

뱃사람은
거센 파도 타고
황량한 겨울바다로
떠나며
손 한번 흔들지 않네.

겨울 바다.
나를 홀로 세우고
무슨 사연 이야기 하는가.

오봉산

하늘을 향해 내 지르는
오봉의 함성에 놀라
사뿐히 내려 앉은 두껍바위
두껍바위는 지킴이 바위.

끊임없는 발길
등산객들의 발길에
등이 패여 피가 흘러도
변함없는 멍석바위
하늘을 우러는데
산새들도 바위 뜻을 기려
노래 부르네.

이 산은 고운산
이 산은 아름다운 산
당신은 아득한 전설을 품고
당신은 꿈꾸는 산

고운산
아름다운 산

이 산을 오르면
정다운 마음 피어오르고
그 마음 합창되어
다섯 봉우리 오르내린다.

산사의 하루

백목련 꽃봉오리
어찌 저리 탐스러운가.

이 비에
봄비에
이제 막 터지려는가
꽃향기 그 향기 기다려지네.

풍경소리에
해가 지는구나
그래서 스님 발걸음이
저리 바쁘지.

이제는
잔디도, 나무잎새도
모두 이슬 머금고
밤에 잠기니
모두 잠자는가.

산새들은 벌써

미루나무 그 무성한
이파리에 숨어
숨죽이고 잠잔다.

이 고요한 밤에
이 적막한 산사

대웅전 부처님도
인자한 미소의 부처님도
지그시 눈을 감았는데

난데없는 외줄기 바람
바람 소리에 놀란
풍경소리에
부처님도 눈뜨겠네.

봄날의 반성문

참새들은
봄날이 흥겨워
제가끔 재재거린다.
꽃밭의 꽃들도
이 날이 좋아 아름다운 시를
시를 쓰네.
바람은 나무에서
햇빛은 호수에서
영가가 된다.
노래가 된다.
봄날은 보석처럼 빛난다.

보석처럼 빛나는 봄날에
마주앉은 아내는
내 앞에 앉은 아내는
너무나 가난하다.
손가락에도
목덜미에도
귓밥에도
내 사랑의 흔적은 없다.

봄날의 햇살 받아 저렇게 고운데도
우유 빛 진주도
무지개 빛 다이아몬드도
열리지 않았다.
내 사랑의 열매가
열리지 않았네.

봄날의 햇살 받아 고운 얼굴
그 얼굴 보다가 깨달은 것은
저며 오는 아픔.
이 아픔으로 엮어가는 사랑은
아내여
저 청아한 하늘보다
더 고운 비취
그 보석을 그대 고운 가슴에
걸어 주리라.

제3부

그늘의 뒤뜰

세월 여행

그대 만나기 위해
나는
회색빛 하늘, 그 어두운 하늘을 이고
아프고 괴로운 세월을 견뎠고
질식할 것 같은 가슴,
그 통증의 시간도
꽃길 걷듯 걸어왔네.

나 그대 만나기 전에는
풀잎에 곱게 누운 싱그러운 햇살도
못 본채 눈감아 버렸고
내게서, 내 가슴에서
돋아나는 언어들도
모두 감추고
깊은 침묵 속으로 빠져 들었네.

나 그대 만나기 위해
한쪽다리 절며 사는 삶도
한쪽다리 절며 하는 일도
모두 축복으로 여미었고

그 탁한 황사 바람도
바램으로 불어 버리는 것
아, 만나는 기쁨 속에
부자처럼 살았네.

나, 그대 만나던 날
벚꽃 벌어져
속살 드러내는 꽃처럼
초라한 내 모습
그 허물 벗고
속살 드러낸 벚꽃처럼
내 모습, 내 마음, 아름다웠네
그것은 설레임,
그것은 붉은 노을

이제는 그대와
흙 속에 이 대지위에
사랑으로 뿌리 내리리.

사공

배 타고 노 저으니
우주가 흔들리고

갯벌에 사는
어패류는 밀려오는
바닷물을 기다리다
태양이 뜨거워
작열하는 한낮이 더워
뻘 속에 숨는다.

우주를 흔들며
노를 저으니
이 배는 파도에 밀려가고
사공의 노래는 지평선을 넘네.

먼 바다에 뜬 배를
바람에 맡기고
노를 베고 잠자는 사공은
사공은 꿈꾼다.

그 꿈은 무지개
무지개 타고 앉아
술잔을 기울이는
사공은
녹슨 세월 안주삼아
지친 몸을 달랜다.

떠도는 세월

진실을 숨기고
시계 바늘 끝에 실려
살아 온 세월

살점마다 묻혀진
솔바람 소리
열려진 육신의 골짜기 마다
이슬은
산을 펼쳐 길 막고

황사자락 잡고 오는
오월의 바람에
지붕이
창문이
식탁이 날아간다.

허황한 기쁨 포개어 넣으며
희망으로 무거워지는 몸
섬처럼
집 한 채가 떠다닌다.

잘려나간 인생 하나는
이미
떠다니는 세월인줄 알면서
기다리고 있다.

화장化粧하는 여자

아침이면
하루 햇살처럼 분바르며
예술을 연출한다.

꿈 젖은 살갗위에
두텁게 방수벽 치고
살얼음 같은
오늘 그려 넣으면

거울에 매달린
얼굴 하나

유리구두 한 짝 없이
시간조차 잊어버린 채
일회용 안면방수

슬픔을 보아도
기쁨을 보아도
예술작품 무너질까 두려워
오늘도
울지 못하는 여자가 된다.

도시의 하루

속눈썹 사이로
벚꽃들이 강물처럼 출렁이면
노을에 팔 거는
낮 설은 빌딩 숲으로
전자두뇌 밀려든다.

둥지를 빠져 나온 사람들
썰물처럼
하루를 안고 나가면
소음 속 누비는 땀과 노래는
그늘진 곳에도 푸름 머물게 한다.

메시지 없는 어휘들이
무성하는 자리 배회하다
알레르기 앓으며
돌아오는 지친 저녁

한잔 술로
답답한 가슴 다스리면

밤은
공간 가득히
향기를 뿜는다.

울고 있는 백두대간

등산객 발치에, 손끝에
백두대간 붉은 산철쭉이 짓밟혀 꺾어져 울고
어린 젖가슴 봉우리가 햇살에 탄다.

백두대간 눈망울엔
뭉게구름 이슬 맺히고
잘려나간 산허리 쥐고 몸살을 앓는다.

뼛골까지 병들어버린 산 속에
칡넝쿨도 젖이 나오지 않아
선불 맞은 노루처럼 운다.

백두대간 산자락 아래 방목장
귀골이 장대한 연미복 대장 닭
토종닭 등허리에 올라타고
반쯤 죽여 놓는다.

백두대간 구석구석
피를 토하며
멍들고 지친 몸 허우적이며

꺾인 다리 세워본다.

너의 그 붉은
산딸기 빛 온몸의 상처투성이에
내 이 작은 몸으로라도 이 산을 되살릴
그런 길은 없는지……

도시의 바람

오수에 드는 도시
전철에 실린 바람
장님의 하모니카 가락을 싣고
더듬거리며 앞으로 가다가
음표들이 우수수 바닥에 떨어진다.

탄 사람이야 갈 곳이 있지만
앞만 보고 달리는 이 전차는
캄캄한 땅굴로 치닫는
이 육중한 철마는 갈 곳은 없다.
도시에 부는 바람같이
갈 곳이 없다.

오늘도 사람들은
커다란 두개의 사과를
양 손에 움켜쥐고
삶의 무게 저울질 한다.
어느 것도 버리지 못한 채

도시를 내려온 바람
욕망과 자만의 향수 싣고
빌딩 언덕을 넘는다.

시골 빈집

지나가다 빈집하나 있기에
문 빼꼼 열고 들어서니
새끼품고 있던 고양이
귀 쫑긋 세우고 뒤뜰로 달아난다.
대청마루에 걸터앉아
이곳 살았던 사람 떠올리니
알뜰살뜰 살갑게 살던 모습 아련하다.

사립문 밑 들락이던
쥐들의 흔적만 완연하고
천정엔 거미들 산입에 풀칠하려고
천정에 여기 저기
그물처럼 걸려 있다.
이 정적 속에
이 고요 속에
소리 없는 전쟁이 치열하다.

팔베개하고 누워듣던
토담 벽 박혀 들던 풀벌레소리
창문 열면 가득히 쏟아져 내리던 별빛

그 아래로 풀잎 눕던 소리
다 남겨두고 어디로 떠났을까

처마 끝 낙숫물 소리
새벽부터 내리는 날이면 들려올까
도란도란 이웃 따라 가던 발자국소리
한 밤에 뽀오얀 달 몸을 씻는가
두레박 우물에 첨벙이던 소리 들려올 것 같다.

늦가을 바람에 펄럭이는 창문 틈으로
온기 담으러 들린 나뭇가지
허전함만 가득 쏘이고 돌아간다.

툇돌엔 고무신 한 짝 배실 배실 웃고
허리 구부러진 지붕들이
할머니 젖꼭지처럼 말라 아슥아슥하다.
지붕위에 핀 쑥대 꽃
주인 기다리다 지쳐 고개 떨구고
느긋하게 허리 풀고 누운 고요 위로
주인 잃은 햇빛만 따스히 내린다.

의문의 내일

저 먼 잿빛 하늘
어떤 사연 가졌을까.

가슴속으로 파고드는 바람
어디서 불어올까.

하늘에서 쏟아지는 비
무슨 사연 가졌을까.

소리 없이 내린 어둠
무엇을 보여주려 함인가.

세상에 존재하는
모든 것을 신의 조화 아니런가.

삶 속에 파고드는 모든 것
풀리지 않는 숙제련가.

저마다 제길 찾아 헤매는
그 신비스러움에
꿈을 꾸며 내일을 열어간다.

광교산 절터에 가면

바람에 살랑대는 나뭇잎 사이로
쏟아지는 햇살은 금모래 빛
흐르는 계곡물에 목축이고
바위에 앉아 쉬어 간다.

굽이굽이 오르는 산길
촉촉히 젖은 바위 미끄러질까
정겹게 손잡아 발걸음 옮긴다.

계곡물 소리 가슴에 닿으면
흐르는 땀 달아나고
청설모 손 비벼 인사한다.

산꽃이 초롱초롱 매달려 웃고
풋풋한 산 내음 코밑에 자리 잡으면
산새들 노래에 나무들 어깨동무 춤춘다.

절터는 이제 가파른 턱밑에 있다.
시원한 바람 맞으며 약수 한 모금에
날아갈듯 가벼워진 몸

명당자리 찾아 앉으니 옛 모습 고스란하다.

병풍으로 둘러싸인 능선 아래
사뿐히 내려 앉아 있었을 사찰
지금도 풍경소리, 목탁소리 귓전에 맴돌아
마음이 평화롭다.

안개 속에 묻힌 세월

별이 우는 계절에
꽃은 피고 지고
뜬 구름 회오리바람만 분다.

가을 오는 소리에
오색 빛 단풍 어우러지면
계곡에 흐르는 물소리에 귀 기울여
맑고 깨끗한 정화수에
속세를 정화하고 마음 비운다.

겨울 오는 소리
새로운 천년 열리는 희망
세월 인연 한 겹 한 겹
다시 쌓는다.

새벽이슬처럼 안개 속에 묻힌 세월
못다 핀 꽃 가슴에 묻고 갈 수 없어
언젠가 떠날 준비 한다는 것이
찰나 찰나刹那刹那는 형상 속에 존재한다.

바람소리

긴 세월
꽃으로 피어난 꿈
무공無空에 머물 것도 아닌데
둥지 틀고 떠난 새
철 되면 돌아올까

베개잎 세월 덮고
석양빛 길 밝혀
어제의 갈증에 벗을 구하여
회포를 풀자하여
한순간 머물려고 집 찾아 헤맨다.

그대 발걸음 바람결이니
오고감의 흔적 없이
육신은 어디 머물러도
산 빛 푸르고, 물 빛 푸르니
그곳에 마음 묻고 육신 벗하면
긴 세월 텅 빈 가슴엔
바람 소리만 가득 안겨 든다.

노숙자의 하루

바지가랑이 사이로
바람이 넘나드는 오후
노숙자의
빈 가슴
빈 위장
빈 주머니에는
절규처럼
매달린 낮달이 숨어든다.

하얀 밤
록 음악처럼
광란하는 네온들이
아스팔트 바닥에 떨어지는데
되돌아 갈 수 없어
비키니 섬의 거북이처럼
삶의 방향이, 그 화살표가
꺾어지고, 넘어져
비틀거리며 헤매다 헤매다
신문지로 집짓고
그 허망한 방에 눕는다.

무정한 세월

세월이 바람이라면
불다가 쉬기라도 하지
어찌하여
세월은 가람물 되어
무정스레
흐르기만 하는가.

살아온 날
뭉게구름 뛰어가듯
가뭇없이 사라지고
살아갈 날
몽당연필처럼 줄어만 간다.

오늘도
수평선 저 너머
술 취한 태양
붉은 노을 토하며
삭정이 세월
허공에 매달고 있다.

술 취한 달

언덕 위의 달동네는
달이 뜨기 전에
언제나 노을에 잠긴다.
붉은 노을이 곱게 물들지만

해가 지면
이지러진 지붕들도
누추한 골목길에도
스산한 바람만 분다.
헐떡이는 사람들의 숨소리는
하나같이 병들어 있다.

돌부리에 걸려 넘어진 바람이
달동네 어귀 포장마차
백열등에 매달려 흔들거릴 때

꾸역꾸역 걸터앉은 걸상 앞에
모여 앉은 헐렁한 사람들은
쉴새없이 소주를 털어 마신다.

이제는 등이 굽은
산마루 마을에
비틀거리는 달과
사람들은 어깨동무하고 고래고래
소리 지른다.

하루가 간다

또
하루해가
저물고
그때
나는 뒷짐 지고 서 있다.

시간들 모두가
노을에 걸렸는가
지평선 저쪽에
끓고 있는 고뇌들
우리의 아픔들.

버리고 싶었던
시간의 틈에 도사렸던
번뇌는
시간들 스치듯 가버렸어도
망각에 묻혀 버렸어도
번뇌는 앙금처럼
내 피안에 그대로 남아
톱니바퀴 같이 돌고 있다.

끊임없이 돌고 있다.

나의 일상이
절둑 거리며 걸어가고
하루는 저물지만
번뇌는 앙금처럼
내 가슴에
그대로 남아 있다.

무너지는 산

햇볕이 다사로와도
햇빛이 찬란해도
절벽에 부딪치면
아우성이 된다.

굴삭기 저 발톱에
찢겨지는 산채에 피든
나리꽃도, 패랭이꽃도
아, 단풍나무도
모두다 저 발톱에 할퀴어
흙 속에 묻히네.

산허리를 꺾어대는 소리
산이 무너지는 아우성
산새들도 몸서리를 친다.

무너지는 산
가을도 날을 세우고
하늘이 지르는
고함은
천지를 진동하네.

긴 나눔

깊은 밤
이제는 달빛도 하얗다.
달빛 먹은 우물물에
몸 씻는 소리.
그대는 내 여자,
나는 침을 삼킨다.

알몸은
하얀 알몸은
잠옷 속에 빛날 때
그때
나는 숨이 멎는다.

우리는 이제
짐승이 되자
그렇게 뒹굴며 몸을 섞자
30촉 백열등이
아무리 가난해도
지금 우리가 나누는 진실은
멎지 않는 세레나데.

우리가 포개고 잠든 지금
이 시간은 영원히 멈추지 않는 시간,
갈대처럼 살고 있을 때
흔들리며 살고 있을 때
우리를 뿌리치는 시간을 잡을 수 없었네
우리를 이끌던 이상도
우리가 꿈꾸던 희망도
모두 시간이 앗아가는데
빈 몸으로 맴을 돌고 있을 뿐
그 자리는 수렁이 되었다.

계절은 늘 새로운 것을 품고
돌아가고 다시와 부르는
싱그러운 노래, 젊은 노래.
하루를 살아도 꽃들은
자기 길을 멈추지 않고
그 향기, 그 모습을 가꾸고
아름다워진다.

맴돌던 원은 멈추고

시간이 앗아갔던 진실과
진실 속에 숨어 있는 길,
그 몫을 찾아 다함없이 살면
이제는 기쁨을, 그리고 행복을……

자연의 숨소리

폭풍에 넘어졌든
홍수에 뽑혔든
어쨌든
죽은 나무가 썩어야
벌레들이 살지,
그래야 숲 속은 퇴비로 가득하지

나무 밑에서 이는 바람은
대지의 숨소리인가
태고의 신비로 한바퀴 돈다.

나는 그 서늘한 영원 속에서
산에서 나와
한여름 한길을 걷는다.
수십 마리인가?
수백 마리인가?
끝도 없는 가로수 길에
끝도 없이 울어재끼는
매미소리는 이제는 소음이다.

도시의 탁한 여름밤이
불쾌하기 이를 데 없어
방황하는 이 거리엔
내 앞을 가로막는
이국여인의 교태가 넘친다.
그 그림들은 옷을 벗고 있구나.

혐오스런 배꼽을 내놓고
바지를 내려 입고
허리를 벌겋게 내놓고
웃고 있는 처녀들은
나를 어지럽게 하기에
나는 탈출을 꿈꾼다.

눈을 감고
산을 내려와
지나왔던
밭두렁을 생각한다.
콩잎의 촉감, 고춧잎 냄새
그 옆에 앉아 깊은 숨

몰아쉬는 밭두렁 속에
그 생각에 빠져 거리를 걸어간다.

숨이 콱콱 막히는
이 도시에 질려
먼 산이 놀라 눈을 크게 뜬다.

삶으로

가슴이 있어야
그래야 말을 할 수 있고
인생길 그 방향을 잡는 것은
혼이 있어야 하는 것

이름이 없어도 정이 없어도
떠돌아 산다고 하지만
떠돌다 보면 이름도 생기고
정이 붙어
한곳에 머물지 않던가.

그러나 떠돌고 싶은 이들은
세월을 핑계 삼아
이름도, 정도 팔 수 없음을 알고
그렇게 살지 않던가.

이제 비워지지 않는다는 그 마음을
서로 주고 받는 그런 삶으로
오히려 서로를 애끼며
살수는 없을지?……

시 쓰는 마음으로

나를
짓밟는 것은 유혹이다.
반듯하게 지켜야 할 것들
그 길을 허물어야 한다는
충혈된 시선들은
폭언으로 변할 때에는
나는 황량한 들판을 헤매는
나그네가 된다.
그 호화찬란한 대문으로 들어가고 싶은
유혹에 치를 떨며
황량한 들판을 헤맨다.

그러나 그 허기진 마음은
시를 쓰고
시를 쓰는 가슴은
가난한 방으로 들어와
문고리를 채운다.

수재민

수마라 했던가,
폭포같이 밀어닥친 홍수에
밭도, 논도, 자갈에, 바위에
묻혔더라.
조상의 숨결, 그 손길로
대대로 살아온 그 집,
그 집은 이제 집터마저 간 데가 없다.

이제는 절망밖에
이 마을엔 남은 것이
하나도 없다.

그렇다.
모진 고생 끝에 일구어 놓은
비탈밭도 이제는
가슴에만 남았고
허허로운 산비탈 밑에는
넋이 나간 식구들의
그 한숨소리에 앞산이 무너진다.

그렇지, 나무그림자도
내손 놓치고 떠내려간
마누라 같아 소스라치고
그렇게 가슴이 찢어지고

검둥개 짓는 소리도
홍수에 떠내려간
그 자리에
컨테이너,
상자 같은 집이 세워진다.

벼락같이 밀어닥쳤던 홍수
모두가 떠내려간 날
그 악몽 같은 밤 그 밤
식구들의 비명 소리를
어떻게 버리고 살 것인가.

애타는 마음으로

달도 뜨지 않는
그 캄캄한 초원에 서서
하염없이
밤을 지샌다.
떠난 사람 생각에
나는 절망한다.

그때 그대는
단아했지만
지금 내게로 오는 것은
다만 환영일 뿐
그 뜨거웠던 숨소리가 들리지 않는다.

나는 지금
울고 있다.
우리들의 지난날에
사로잡혀
파열하고 있다.

영원한 사랑

모두들
영원을 노래하지만
나는 그 뜻 밖에 서 있었다.
그렇게 사랑을 몰랐기에
영원을 비웃었다.

땅위에도
하늘 가득히 채우는
그리운 얼굴 때문에
나는 영원이란 뜻 속에
깊이 빠졌다.

운명을 웃어넘기던
그 시절엔
나는 늘 홀로 걷고 있었다.
그리운 사람과 손을 잡으며
나는 그와 운명 속에 있었다.

우리는 서로를
소유하는 기쁨에

바다가 되고
바다 위에 황혼이 되고

이제는
눈이 열리고
가슴이 열리고
마음에 흘러들어오는
영원한 사랑을 타고
우리 둘이는 영원히 흐르리라.

성공의 길목에서

이 아침
저 찬란한 햇살은
여물지 않은 내 꿈을
향해 쏟아진다.

발걸음 디딜 때마다
이마에 맺혔던 땀방울은
어쩌면 핏빛이었다.
그러나 고뇌가 쌓일 때마다
조금씩 열리는 길은
푸른 꿈을 꾸게 하는 지름길 아니가.
그래서 내가 걸어가는 이 길은
내게 힘을 솟게 한다.

이마에 고통이 알알이 맺혀도
바람은 언제고 불어와,
그 고통을 식히고 영그는 보람을 맺게 한다.
사연 하나에 열리는 열매들은
푸른 세계를 펼친다.

내 마음의 꽃바구니

바람 잦아졌지만
달빛은 차다
그러기에 우리는
뜨겁고
그러기에 우리는
벅차다.

저 달이 지기 전에
달빛에 우리 잠겨
뜨거운 몸 부드럽게
벅찬 마음 아름답게
그렇게 어우러지고 싶은데

저 큰 파도는
거센 물결은
뜨거운 포옹을 재촉하며
풀어헤치고 벗어버리며
모든 것
팽개치고
화려한 정사 속에 빠지란다.

그러나 나는
이 격렬한 밤은
폭풍 지나듯 가버리는 게 아니고
고요 속에 침묵하는 게 아니고
그 격렬했던 밤을
꽃바구니에 담아
그대와 내가 살아가는
메아리로 피어나게 하리라.

방황

뜨겁게 달았던 이 도시
서울의 태양도
이제 빌딩 숲에 가로 걸렸다,
저무는 길목에
비둘기 떼 울음소리

이제 바람도
한결 서늘한 바람도
육교를 넘어
잎을 흔들고
가로수를 흔들고 지나간다.

바람 지나간 자리에
비둘기 한 마리
다리 저는 비둘기
길을 잃고 헤맨다.

나도 헤맨다.
비둘기처럼 헤맨다.
이렇게 많은 사람들.

그 사람들 속에서
나는 갈 길이 없다.

비둘기 떼 힘차게
날아간 그 자리에
다리 저는 비둘기는
이리 저리 헤매고
한쪽 마음 무너진 나도
비둘기처럼 헤맨다.

붉은 악마

브드레르는
악마는 순수하다고 했다.
악마들이 모여든다.
순수들이 광장을 메우네
넘치는 기상, 젊음이 넘쳐나네
붉은 악마들이여, 그대들의 정열이
붉게 치솟는, 불꽃처럼 치솟는 혼과 백이
오늘밤, 이 나라 방방곡곡에, 그 함성이
진동하네.

젊은이들이여
붉은 악마들이여
그대들은 오늘밤
빛이 되고
폭죽이 되어
온 나라를 비추고
승리를 외친다.

저 화려한 빌딩의 네온과
한강의 밤을 지키는

모든 교각의 저 수많은 등불
그 별빛 같은 등불도
붉은 악마들이여
그대들의 가슴에서 빛나는
훈장이다.

그대들은 이 나라를 위해
몸부림치고
그대들은 승리를 위해
소리 드높이 외친다.
베를린을 향해 소리친다.

붉은 악마들은
오! 필승 코리아
아! 대한민국-

달빛은 밤배를 타고

나도 밤배를 타고
달빛 속에 잠긴다.
꿈을 꾸고 싶어 눈을 감지만
달빛에 견디지 못해
뒤척이다, 뒤척이다
일어나 파도위에
걸터앉는다.

내 몸에 내려 서리는
서리같이
뭍에 두고 온 사연, 사연들이
내게 닥쳐
이 배로 소리 없이 닥쳐와
나와 같이 파도처럼 출렁인다.

새벽 찬바람은
달빛도 걷어가고
조여드는 한기는
뱃전을 두드리는 물결 속에 잠긴
못쓸 사연으로 나를 떨게 한다.

등꽃의 아픈 가슴

달리는 차창 너머에
등꽃, 등꽃, 등꽃들
내 모습 같다.

고속도로 절개지
비탈면 돌 틈을 붙잡고
피어난 보라색 꽃,
보라색 꽃들이 아슬아슬하다.

질주하는 차들
그 바람에 시달리는
보라색 등꽃들의
고통의 절규!
그 눈물이 내 가슴에 새겨진다.

인고의 세월 속의
저 꽃들도
바람 잦아지는 정원에
넉넉한 바위 밑에
피었더라면

아름다운 저 꽃들이
기쁨의 찬가를
부를 터인데

절개지의 등꽃들
그 아픈 가슴은
내 가슴 같아라.

속죄

지난날의 허물
그 허물을 태우려는 듯
햇살이 누추한 몸에
따갑게 쏟아집니다.

몇 겹으로 쌓여
부풀어 오른 허물을
한 겹, 한 겹 벗겨내는 바람,
바람은 계속 불어
누추한 몸이 알몸이 될 때까지

들리는 것
정경유착,
보이는 것
부정부패.
사방에 더미를 이루었고
그 무게에 눌려 허덕이는
불쌍한 사람, 사람들.

햇볕이 허물을 태우고

바람이 허물을 날려 버리면
짐승같이 살든 사람들이
속살, 그 본래의 알몸을 찾아
새사람 되련만
완만의 탈을 벗고
불손의 너울을 벗고
죄악의 동굴에서 벗어나련만

이제
봄이 오면
새봄이 찾아와
우리 앞에 서면
죄의 수렁에 빠진 사람들이
그 허물을 벗고
그 죄를 벗고
새순 돋듯, 새사람 되어
연초록 이파리처럼
희망과 꿈을 되찾아
보람찬 내일에 손잡고 서야겠지.

"향기로운 여정, 향기로운 시인"

김 원 석(아동문학가)

이필정 씨는 두 권의 시집을 기위 엮어낸 시인이다. 그런데 이 시인은 등단하기 2년 전인 2002년에 첫 시집을 이미 펴냈고 그리고 2004년 등단하면서 두 번째 시집을 발간했다고 한다. 아울러 한 권의 수필집 『하룻샘이 꽃필 때』도 2003년 세상에 내놓았다는 것이다.

이 모두가 40대 후반에 한 몫 이루어진 사실로 두 권의 시집 한 권의 수필집, 등단과 아울러 문인협회 회원이 된 이필정 씨는 어쩌면 야심찬 문우라고 하겠다.

이제 세 번째 시집 『향기로운 여정』을 엮어내면서 내게 이 시집에 대한 후문을 부탁해 왔다.

불과 5년여 사이에 시집 세 권을 탄생시킨다는 것은 대단한 열정의 결과라고 하겠다. 물론 사십대 후반에서야 자기 시를 세상에 내놓게 된 시인의 삶 속에 시에 대한 좌표가 절절했음을 짐작하고도 남음이 있다. 다시 말해서 시로써 생활의 방향을 설정하고, 시로써 자기의 인격을 가꾸고, 시로써 숨을 쉬고, 시로써 가치를 다듬고자 했다는 이 시인은 그렇게 품었던 내면의 소리들을, 그렇게 간

직했던 자기의 정체성을 뿜어내지 않으면 아니 될 시절이 그에게 밀어닥친 것 같다.

첫째 시집, 두 번째 시집 후문에서 이필정 시인의 시에 대한 후평이 적나라하게 기술되고 있어 나의 기술이 오히려 진부한 내용이 되지 않을까 염려스럽기도 하다. 그러나 여기서 이야기 하고자 하는 것은 이필정 시인의 세 번째 시집에 시들의 패턴과 그전 두 권에 실린 시들과 어떻게 이렇게 달라졌나 하는 것이다. 지금 이 시들의 경지는 자못 놀랍기까지 하다는 것이다. 종전의 시들과 비교할진대 신인 단계를 앞지른 그만의 독특한 시의 세계를 펼치고 있다고 생각한다.

자기 내면에서 일고 있는 시의 혼을 40이 될 때까지 혼자서 갈고 닦은 흔적이 첫째, 둘째 시집에서 두드러지게 나타난다는 것은 피할 수 없는 문제였기에 생경한 표현이 머금고 있는 내면의 세계와 균형이 맞지 않았을 것이다.

이제 『향기로운 여정』인 세 번째 시들에서는 이러한 문제를 극복하고 기성시인들과 어깨를 겨누어 손색이 없는 시의 패러다임을 구축하고 있다는 것이다.

그 첫 번째로 이 시집 시들이 나를 사로잡은 첫 번째는 소월 이후 계속 이어오는 운율을 무리 없이 소화했을 뿐 아니라, 이를 바탕으로 나름대로의 새로운 가락을 만들어 내고 있다. 그 대표적인 작품으로

또
하루 해가
저물고
그때
나는 뒷짐 지고 서 있다.

시간들 모두가
노을에 걸렸는가
지평선 저쪽에
끓고 있는 고뇌들
우리의 아픔들.

버리고 싶었던
시간의 틈에 도사렸던
번뇌는
시간들 스치듯 가버렸어도
망각에 묻혀 버렸어도
번뇌는 앙금처럼
내 피안에 그대로 남아
톱니바퀴 같이 돌고 있다.
끊임없이 돌고 있다.

나의 일상이
절둑 거리며 걸어가고
하루는 저물지만
번뇌는 앙금처럼
내 가슴에

그대로 남아 있다.

—「하루가 간다」全文

시인은 중복되는 시어를 벌레처럼 싫어한다. 왜냐하면 중복되는 언어는 의미를 훼손하고 리듬을 죽이고 여하튼 중복의 어귀는 터부시하고 생략하거나 다른 말로 바꾸는 것이 상례인 것이다. 그러나 이필정의 시 "하루가 간다"에서 중복되는 단어들은 부지기수다.

"시간들", "번뇌", "앙금", 그런데 참으로 신기한 것은 이 중복되는 단어들의 의미가 전혀 다른 의미로 나타난다는 것이다. 그것은 전혀 무리 없이 흐르는 리듬, 즉 그 의미가 리듬을 타고 흐를 때 색깔이 변하듯 의미가 변하고 새로워진다는 것이다.

다음 이필정 시인의 메타포 즉 은유는 솔잎향기 같이 신선하기 이를 데 없는 내용으로 승화시킨다.

백목련 꽃봉오리
어찌 저리 탐스러운가.

이 비에
봄비에
이제 막 터지려는가
꽃향기, 그 향기 기다려지네.

풍경소리에
해가 지는구나
그래서 스님 발걸음이
저리 바쁘지.

이제는
잔디도 나뭇잎새도
모두 이슬 머금고
밤에 잠기니
모두 잠자는가.

산새들은 벌써
미루나무 그 무성한
이파리에 숨어
숨죽이고 잠잔다.

이 고요한 밤에
이 적막한 산사
대웅전 부처님도
인자한 미소의 부처님도
지그시 눈을 감았는데

난데없는 외줄기 바람
바람소리에 놀란
풍경소리에
부처님도 눈뜨겠네.

―「산사의 하루」 全文

이 시에는 불교적인 법法의 뉘앙스의 표현 어휘는 전혀 없다. 절이 지니는 종교적인 내용과 그 범주에서의 인간의 굴레나 윤리적인 문제도 전혀 거론되지 않고 있다. 어쩌면 5, 6살 어린이의 티 없는 마음에 비친 산사의 정경으로 부처님의 근엄이나 무게 그 전부가 배제되어 있다. 그러나 불교의 맑고 깊고 한없이 고요한 그 깊이를 전혀 새롭게 표현하고 있다.

이 시의 백미는 향기를 품지 않은 백목련에서 "꽃향기 기다려지네"와 "풍경소리에 부처님도 눈뜨겠네"의 너무나 인간적인 부처님이 고스란히 우리에게 다가오고 있지 않은가?

이필정 시인은 참담한 현실과 참혹한 고통 등 극단적인 고뇌의 상황을 페이소스로 저항하지 않고 오히려 이러한 현상을 시의 여운으로 새로운 차원을 모색해야 된다는 메시지를 담아내고 있다.

뜨겁게 달았던 이 도시
서울의 태양도
이제 빌딩 숲에 가로 걸렸다,
저무는 길목에
비둘기 떼 울음소리

이제 바람도

한결 서늘한 바람도
육교를 넘어
잎을 흔들고
가로수를 흔들고 지나간다.

바람 지나간 자리에
비둘기 한 마리
다리 저는 비둘기
길을 잃고 헤맨다.

나도 헤맨다
비둘기처럼 헤맨다
이렇게 많은 사람들
그 사람들 속에서
나는 갈 길이 없다.

비둘기 떼 힘차게
날아간 그 자리에
다리 저는 비둘기는
이리 저리 헤매고
한쪽 마음 무너진 나도
비둘기처럼 헤맨다.

—「방황」 全文

우리가 사는 오늘은 그리고 사회에는 비평과 그 비평에 따른 질타의 목소리가 거리를 가득 메우고 있다. 그것이 바로 정의가 되고 그것이 바로 새로운 미래의 잣대라야 한다는 것이 요즘 우리 사회의 풍조다.

사십대 후반이면 시인 나이로는 아직 한참 젊다. 그 젊은 시인에게 이러한 사회 풍조에 발맞추어 거친 목소리, 독설을 퍼부음직 한데도 이 시인은 한쪽 마음이 무너져도, 아직 반쪽 마음이 살아 있다는 의미, 한쪽 다리는 고장이 나도 한쪽 다리는 건강하다는 것, 그렇기에 주저앉지 않고 헤맬 수 있으며 방황의 길목에서 자기의 길을 찾겠다는 의미를 남겨놓고 있다.

이필정 시인이 남겨놓은 그 여운은 아마도 이 시인의 앞날이 찬란히 빛날 것이라는 약속이리라 나는 믿는다.